INSTITUT IMPÉRIAL DE FRANCE.

NOTICE HISTORIQUE

SUR LA VIE ET LES TRAVAUX

DE M. VICTOR COUSIN

PAR M. MIGNET

SECRÉTAIRE PERPÉTUEL DE L'ACADÉMIE DES SCIENCES MORALES ET POLITIQUES

Lue à la séance publique annuelle du 16 janvier 1869.

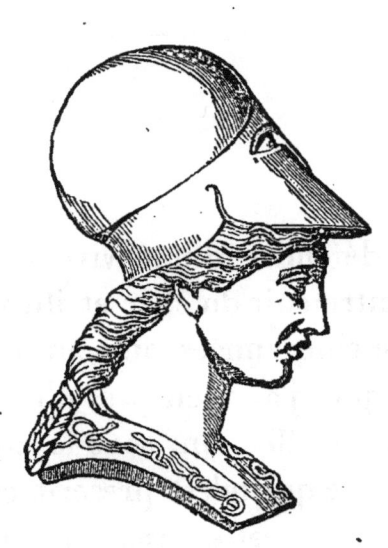

PARIS
TYPOGRAPHIE DE FIRMIN DIDOT FRÈRES, FILS ET Cie
IMPRIMEURS DE L'INSTITUT IMPÉRIAL DE FRANCE, RUE JACOB, 56
—
M DCCC LXIX

INSTITUT IMPÉRIAL DE FRANCE.

NOTICE HISTORIQUE

SUR LA VIE ET LES TRAVAUX

DE M. VICTOR COUSIN

PAR M. MIGNET

SECRÉTAIRE PERPÉTUEL DE L'ACADÉMIE DES SCIENCES MORALES ET POLITIQUES

Lue à la séance publique annuelle du 16 janvier 1869.

Messieurs,

Je ne puis me défendre d'une vive émotion, en venant aujourd'hui vous entretenir du cher et illustre confrère avec qui j'ai passé trente-cinq années au sein de cette Académie, de l'ami à côté duquel j'ai vécu près d'un demi-siècle dans l'intimité d'une tendre affection, sous le charme d'un intarissable esprit. L'éloge qui m'est prescrit comme un devoir académique devient, en cette occasion, une dette de mon cœur, tâche à la fois triste et douce que l'amitié m'aidera à accomplir tout autant que l'admiration. Il me sera facile d'accorder la louange avec la justice dans tout ce que je dirai du beau génie, de l'âme haute, du magnifique talent de M. Cousin, de ce grand penseur qui, avec tant d'imagination, a été le ferme théoricien des vérités entrevues par le sens commun, est demeuré, par la puissance de la raison, non moins que par l'ascendant du caractère, le chef cinquante ans suivi d'une vaste école philosophique, d'où sont sorties plusieurs générations de disciples célèbres eux-mêmes; de cet écrivain accompli, qui a composé avec un art habile des livres conçus avec une forte simplicité, et où la perfection de la langue s'ajoute à la beauté des idées; de cet excellent Français, qui a aimé les libertés et les grandeurs de son pays dont il a soutenu les principes nouveaux et admiré les gloires anciennes, et qui a été, de notre temps, un des utiles conseillers de l'intelligence publique, comme il sera pour toujours un des nobles serviteurs de l'esprit humain.

Victor Cousin est né à Paris le 28 novembre 1792, au cœur de la vieille Cité. Son père, joaillier au Marché-Neuf, non loin de Notre-Dame, était un républicain ardent, mais très-inoffensif, auquel il dut le précoce attachement qu'il garda toute sa vie aux principes de la Révolution française. Il le dit lui-même : — « Je suis né avec la Révolution française. Dès que mes yeux se sont ouverts, j'ai vu flotter son drapeau tour à tour sombre et glorieux. J'ai appris à lire dans ses chansons : ses fêtes ont été celles de mon enfance. A dix ans, je savais les noms de ses héros. J'entends encore, au Champ-de-Mars et sur la place Vendôme, les éloges funèbres de Marceau, de Hoche, de Kléber, de Desaix. J'assiste aux revues du premier consul. Je vois ce grand visage pâle et mélancolique, si différent de la figure impériale, telle surtout qu'elle m'apparut une dernière fois, sur la terrasse de l'Élysée, à la fin des Cent Jours. Mon instinct patriotique ne s'est pas laissé un moment surprendre à l'éclat d'une dictature militaire que je ne comprenais pas. Je n'ai compris, je n'ai aimé que les conquêtes de la liberté. »

Dès que l'Université eut été reconstituée vers les commencements de l'empire, ses parents l'envoyèrent au lycée Charlemagne, où il fit ses études classiques. Doué d'une rare intelligence, qu'animait une vive imagination et que servait la plus heureuse mémoire, il se plaisait à apprendre, pensait à l'âge où l'on joue encore, réfléchissait pour se distraire, et discourait volontiers en laissant voir déjà dans l'écolier dominateur le maître futur. Au mois d'août 1808, invité à dîner comme lauréat de la quatrième pour le lycée Charlemagne, au concours général que présidait alors un ancien ami de Mirabeau, le préfet de la Seine, M. Frochot, il rencontra à l'hôtel de ville un autre lauréat de la même classe pour le lycée Napoléon, M. Patin, qu'il devait retrouver plus tard à l'École normale, à la Sorbonne, au Journal des Savants, à l'Académie française. Les deux élèves couronnés, attirés l'un vers l'autre par cette précocité d'esprit et de goût qui les appelait à devenir tant de fois collègues, s'entretinrent longtemps ensemble. Dans cette conversation, où il mit déjà ce qui a fait de lui un causeur si fécond et si brillant, tout le reste de sa vie, le lauréat du lycée Charlemagne étonna le lauréat du lycée Napoléon. « Je me retrace encore, dit M. Patin, le feu de son regard, la vivacité singulière de sa parole et un caractère de supériorité qui, plus encore que les succès de collége, le séparait déjà de ses condisciples. »

Ce caractère de supériorité, il le montra désormais partout. Étant monté de troisième en rhétorique, sans passer par la seconde, il eut en quelque sorte tous les prix au concours général de 1810. Avec le prix d'honneur, il obtint le premier prix de discours français, le premier prix de version latine, et il aurait eu le premier prix de vers latins si, dans une admiration réputée trop précoce pour la tendre et savante amie d'Abélard, il n'avait pas évoqué le souvenir d'Héloïse, destinée, ainsi qu'on l'a dit spirituellement dans cette enceinte, à porter malheur aux philosophes. Des juges trop scrupuleux écartèrent du concours, comme peu séante de la part d'un écolier, la pièce de vers qu'ils auraient dû couronner comme fort littéraire.

Toutefois, un succès aussi grand et aussi inusité appela l'attention sur le brillant triomphateur. Le Ministre de l'intérieur, M. de Montalivet, lui offrit une place d'auditeur au conseil d'État. M. Cousin, peu zélé pour l'empire, aima mieux entrer à l'École normale. Fondée vers la fin de l'année 1810, l'École normale compléta la grande institution de l'Université qui, conservatrice du savoir ancien, dépositaire de l'intelligence moderne, réclamait pour son service des professeurs capables de distribuer, dans toute l'étendue de la France nouvelle, l'enseignement devenu laïque et donné au nom de l'État. M. Cousin fut admis le premier, de la première promotion, dans cette école des écoles, où les lettres humaines et les hautes sciences devaient recevoir une si forte culture; où allaient se former, en s'y succédant, des générations de maîtres habiles; qui devait fournir à la France une moisson presque régulière d'hommes distingués par leur savoir et leur talent, lui donner plusieurs écrivains célèbres, quelques esprits supérieurs, et dont M. Cousin était appelé à prendre plus tard la direction et à rester à jamais la gloire. Il était destiné à l'enseignement des lettres, lorsqu'il fut entraîné par ses goûts à l'enseignement de la philosophie.

Le temps n'était cependant pas bien propice. Celui qui gouvernait alors la France et qui maîtrisait encore l'Europe estimait peu la philosophie et l'aimait encore moins. Il voulait penser pour tout le monde et agir tout seul. Livré à son génie sans mesure, cédant à une fougue sans frein, il allait en moins de trois ans perdre involontairement la grandeur de la France dont il avait volontairement détruit la liberté. Il avait supprimé, depuis le commencement du siècle, l'Académie des sciences morales et politiques, la considérant comme un asile de la pensée indépendante qu'il fallait fermer, comme une société d'idéologues qu'il fallait dissoudre. Un survivant de ces idéologues si maltraités, un philosophe aimable autant qu'ingénieux, le réformateur sensé et fin de la doctrine de Condillac, M. Laromiguière, qui avait subordonné la sensation passive à l'intelligence active, en introduisant l'esprit de l'homme dans ce qu'il perçoit et sa volonté dans ce qu'il fait, qui développait ses pensées avec tant de méthode et les exprimait avec tant de grâce, devenu professeur à la Faculté des lettres, enseigna la philosophie aux élèves de l'École normale. Dès que M. Cousin l'entendit, il fut séduit. Des leçons de M. Laromiguière partit l'étincelle qui alluma dans son esprit cette flamme perpétuelle devant laquelle ont passé, pendant cinquante années, tous les systèmes conçus par les plus beaux génies et qui les a tous éclairés de sa vive lumière. « Ce jour, dit-il, décida de toute ma vie. Il m'enleva à mes premières études.... Je ne suis pas Malebranche, mais j'éprouvai, en entendant M. Laromiguière, ce qu'on dit que Malebranche éprouva en ouvrant par hasard un traité de Descartes. »

A la vocation littéraire s'ajouta ainsi tout d'un coup pour M. Cousin la vocation philosophique, et, sans être infidèle à l'une, il se livra avec passion à l'autre. Des leçons agréables de ce premier maître, il passa au grave enseignement du second. M. Royer-Collard, dans lequel la France allait bientôt trouver l'un de ses généreux orateurs et le plus politique soutien de sa liberté renaissante, professait en 1814 l'histoire de la philosophie moderne. Esprit puissant plus encore qu'étendu, profond plus que fécond, ayant assez appris et beaucoup pensé, M. Royer-Collard concevait avec vigueur, parlait avec une imposante autorité, écrivait avec un éclat austère. Il serrait étroitement les questions dans les nœuds de sa dialectique, et frappait plus qu'il n'entraînait par une éloquence laborieuse et magnifique où l'imagination donnait du relief à la raison, et le goût se sentait toujours dans la force. Ayant pris sous son altier patronage les sûres vérités du sens commun telles que les avait reconnues le génie observateur et circonspect de Reid, il les exposa dans sa chaire de la Faculté des lettres en affermissant les doctrines du chef de l'école écossaise, mais sans les étendre. Un troisième maître, le sagace observateur des phénomènes de la volonté, M. Maine de Biran, qui a pénétré si avant dans les profondeurs de l'âme, instruisit M. Cousin à démêler dans toutes nos connaissances, et même dans les faits les plus simples de conscience, la part de l'activité volontaire; de cette activité dans laquelle réside et par laquelle se manifeste notre personnalité. Sous ces influences variées M. Cousin n'était pas seulement devenu un philosophe fort exercé, il construisait pour lui-même une philosophie qu'il fut bientôt chargé d'enseigner aux autres.

Napoléon était tombé. Dans sa chute aussi profonde qu'avait été prodigieuse son élévation, il avait entraîné, avec les grandeurs démesurées de l'empire, les utiles grandeurs que la révolution avait données à la France et qui portaient ses frontières jusqu'à ses limites naturelles. M. Cousin était, à cette époque, professeur dans un lycée de Paris; il avait vingt-deux ans. Il aimait trop la liberté pour regretter l'empire, et il était trop bon Français pour n'être pas attristé des revers de son pays et de la douloureuse renonciation aux territoires justement acquis sous la république. Cependant il s'était réjoui, comme tout le monde, du retour de la paix, et il avait vu avec espérance la charte constitutionnelle, donnée par le sage descendant des anciens rois, remplacer les constitutions impériales, les résultats de la révolution consacrés, les droits de la nation reconnus, les habitudes de la liberté reprises et le régime de la discussion parlementaire succéder au régime de l'asservissement silencieux. Aussi, lorsque Napoléon, trop à l'étroit dans la petite souveraineté de la Méditerranée, où il avait été confiné par l'Europe victorieuse, sortit inopinément de l'île d'Elbe pour revendiquer de nouveau la grande souveraineté de la France, débarqua sur les côtes de Provence, à la tête de quelques soldats, traversa le territoire comme en triomphe, et s'avança vers Paris sans rencontrer d'obstacle, quelques jeunes hommes, à l'esprit ardent et à l'âme intrépide, parmi lesquels plusieurs ont été d'invariables défenseurs des libertés publiques, prirent les armes dans le dessein courageux et chimérique d'opposer une digue à ce torrent. M. Cousin s'enrôla des premiers, avec nombre d'élèves de l'École normale, dans ce bataillon de volontaires royalistes et libéraux, dont la campagne, comme on le pense bien, ne pouvait être longue et qui fut dispersé sans avoir combattu. L'irrésistible empereur rentra dans Paris, reprit possession pour quelques jours des Tuileries, marcha contre la coalition européenne, qu'il ne put ni diviser ni vaincre, et les destinées s'accomplirent, destinées prévues et funestes qui livrèrent à une nouvelle invasion notre pays, que surveilla pendant trois ans une armée étrangère campée sur son territoire, qu'accabla un tribut de quinze cents millions, et qui, sortant de cette désastreuse aventure avec moins d'étendue, moins de prestige et moins d'argent, fut exposé à avoir moins de liberté.

Ce fut après la seconde restauration des Bourbons que M. Royer-Collard, devenu le chef suprême de l'Université, vers la fin de 1815, appela M. Cousin à le remplacer dans la chaire d'histoire de la philosophie moderne. M. Cousin était déjà maître de conférences à l'École normale, lorsqu'il fut nommé suppléant de M. Royer-Collard. Il commença ses cours dans une chapelle presque en ruine de l'ancien collége du Plessis. Il y attira, y retint, y vit s'accroître une foule si avide de ses enseignements et devenue à la fin si considérable, qu'il fallut ouvrir le vaste amphithéâtre de la Sorbonne au jeune maître éloquent et au nombreux auditoire enthousiasmé. M. Cousin était merveilleux comme professeur. Il y avait en lui de l'orateur entraînant dans le sévère dialecticien. Mêlant les fortes conceptions aux savantes analyses, pendant cinq années, dans un langage tantôt grave, tantôt éclatant, il exposa les théories modernes, discuta les principes à l'occasion des systèmes, et soutint les grandes vérités de l'ordre intellectuel et de l'ordre moral, en traitant les questions les plus délicates comme les plus profondes de la philosophie.

M. Cousin commença dès lors à asseoir les bases de sa doctrine spiritualiste. Il constatait en observateur et concluait en métaphysicien. Entré dans cette voie psychologique qu'a ouverte Socrate dans l'antiquité, qu'a élargie Descartes dans les temps modernes, il s'y avançait d'un pas ferme, appuyé sur la méthode expérimentale que le dernier siècle avait surtout recommandée en la faisant servir encore mieux à la science des corps qu'à la science des idées. Cette méthode dans l'emploi de laquelle M. Cousin excella de plus en plus, en quoi consistait-elle? Dans l'observation exacte des faits de la pensée soumis à une analyse complète, et ramenés, par une induction légitime, à leurs principes nécessaires. Ces faits, de nature intellectuelle, ne pouvaient être connus que par l'intelligence. C'était donc dans la conscience de l'homme, c'est-à-dire dans l'esprit s'éclairant lui-même, que M. Cousin trouvait à la fois le champ et l'instrument de l'observation pour les phénomènes spirituels. Là seulement ils pouvaient être saisis, analysés, déterminés dans leur nombre et dans leur portée, et M. Cousin y étudiait les notions tenant à la sensibilité, les actes relevant de la volonté, les idées provenant de la raison, tous faits invisibles mais certains, issus de facultés différentes par leur objet mais unies dans leur action, dont l'utile diversité et l'heureux concert permettent à l'homme de se connaître en pénétrant au dedans de lui et de connaître l'univers en regardant au dehors. Historien déjà savant des systèmes philosophiques, enthousiaste défenseur des vérités supérieures, il persuadait et enflammait à la fois, gagnait les esprits, suscitait les vocations, fécondait les talents. Il formait ainsi sa brillante école. A la tête de la première génération de ses disciples il comptait : le méditatif et habile Jouffroy, le sage et docte Damiron, le pieux Bautain, et il avait aussi pour auditeur et pour admirateur Augustin Thierry, qu'un génie impérieux entraîna bientôt après vers l'histoire.

Après deux années d'un enseignement dans lequel il avait parcouru la philosophie écossaise en la dépassant, et ruiné la philosophie sensualiste de Condillac en la discutant, M. Cousin, dont la curiosité était insatiable, alla visiter l'Allemagne, dans ses vacances de 1817. L'Allemagne l'attirait par bien des côtés. Cette terre fertile, depuis plus d'un demi-siècle, en beaux et puissants esprits, avait produit, dans les lettres des œuvres originales, dans l'érudition et dans les sciences de curieuses recherches et de notables découvertes, en philosophie de grands et nombreux systèmes. Tandis que Lessing, Klopstock, Wieland, Schiller, Herder, Gœthe, avaient élevé fort haut l'imagination allemande, Kant, Fichte, Schelling, Hegel, avaient eu la gloire de conduire la pensée allemande aussi loin qu'elle pouvait aller dans la connaissance quelquefois conjecturale de l'homme et dans l'explication trop souvent aventurée de l'univers.

A la philosophie trop idéaliste de Kant et de Fichte avait alors succédé la philosophie de la nature de Schelling. Schelling ne partait pas de l'homme comme Kant et comme Fichte, mais de Dieu ; il n'avait pas recours à l'observation, mais à l'intuition. Dieu est l'identité absolue de la matière et de l'intelligence, la source éternelle d'où s'écoulent, pour se répandre dans l'espace et pour coexister dans le temps, les mondes et les êtres, les corps qui s'organisent et les esprits qui se perfectionnent, et qui, ayant la même origine, étant produits par la même force, se rapprochent, bien que séparés, et se correspondent quoique distincts. Ce qui dans Schelling était un hardi poëme pour expliquer les développements parallèles et les accords harmonieux de la matière et de l'intelligence, devenait, chez Hegel, par un procédé aussi hypothétique et avec un plus rigoureux enchaînement, une explication à la fois logique et arbitraire de l'univers, sorti cette fois non du sein de Dieu, mais des profondeurs du néant, pour arriver de progrès en progrès au déploiement des existences et à la présence de l'esprit dans l'homme.

Le jeune professeur de la philosophie du bon sens, le rénovateur ardent de l'École psychologique, allait trouver en Allemagne des doctrines bien différentes des siennes. M. Cousin devait s'en pénétrer et non y adhérer. Il visita les universités célèbres et les hommes qui en faisaient la gloire. Heidelberg et Marbourg, Gœttingue et Jena, Leipzig et Berlin, le virent tour à tour converser avec les personnages les plus éminents par leur renommée et par leurs travaux. Plusieurs d'entre eux devinrent ses amis. L'éloquent Schleiermacher fut de ce nombre. Malgré la différence des âges et des vues, il contracta aussi avec Hegel une amitié que la mort seule a rompue, et que formèrent entre deux nobles cœurs et deux puissants esprits de communes sympathies pour les principes de la révolution française et un égal amour de la philosophie. Il ne connut que l'année suivante, à Munich, Schelling avec lequel il entra aussi en commerce de pensées et d'amitié. Il termina cette première visite par Weimar. Il y salua avec admiration Goethe, qui survivait à tous ses grands contemporains de la génération passée et qui remplissait encore toute l'Allemagne de sa gloire.

Dans des pages animées, M. Cousin a fait l'intéressant récit de cette course à travers l'Allemagne. Il a laissé voir tout ce que la division des États et la liberté des esprits ont produit d'original et de fécond, de savant et de beau dans ce pays de l'indépendance et du désaccord, où cependant la pénétration a manqué quelquefois à l'histoire, l'art à l'imagination, le goût à la critique, la sûreté à l'érudition, et où la philosophie a été trop téméraire dans ses hypothèses lorsqu'elle n'a pas été trop sceptique dans ses conclusions. Aussi M. Cousin, arrivé aux portes de la France, méditant dans une dernière nuit sur ce qu'il vient de voir et d'apprendre, s'affermit encore mieux dans une doctrine qu'il veut étendre sans l'altérer, élever sans l'affaiblir, et il écrit : — « Le jour va paraître. Mon corps est las, mais mon âme est sereine... et je me dis avec assurance : Oui, sans doute l'Allemagne est une grande école de philosophie ; il faut l'étudier et la bien connaître, mais il ne faut pas s'y arrêter. La nouvelle philosophie française, s'il m'est donné de lui servir de guide, ne cherchera pas plus ses inspirations en Allemagne qu'en Angleterre. Elle les puisera à une source plus élevée et plus sûre, celle de la conscience et des faits qu'elle atteste, et celle aussi de notre grande tradition nationale du XVIIe siècle. Déjà par elle-même, elle est forte du bon sens français; je l'armerai encore de l'expérience de l'histoire entière de la philosophie, et, Dieu aidant, nous saurons bien échapper ainsi au scepticisme de Kant, traverser le sentiment de M. Jacobi, et parvenir sans hypothèse à un dogmatisme un peu meilleur que celui de la philosophie de la nature. »

C'est ce qu'il fit constamment depuis lors par la psychologie et par l'histoire. A son retour d'Allemagne, il jeta, dans les leçons de 1818, les fondements de son ouvrage *du Vrai, du Beau et du Bien*. Cet ouvrage, auquel il n'a cessé, en le publiant dans quatorze éditions successives, de donner plus de perfection et qui est devenu classique, contient sa théorie philosophique sur l'ordre du monde, dont la vérité est la lumière; dont la beauté est l'ornement; et le bien, la loi. M. Cousin établit en penseur profond les principes métaphysiques qu'il énumère, caractérise et explique; il expose en poétique interprète le Beau dans la nature et dans l'homme; il montre enfin les règles immuables d'après lesquelles doit être conduite la vie pour être conforme à la loi des choses et à la destination de l'homme. Il fait ainsi remonter le Vrai jusqu'à la source supérieure d'où il découle en devenant accessible aux intelligences humaines; le Beau jusqu'au dispensateur divin qui l'a répandu partout dans l'univers, et l'a mis de plus dans l'esprit de l'homme qui en reçoit ainsi l'image et en conçoit l'idée, le sent et le discerne, l'admire et l'imite, et, se l'appropriant avec art, le fait passer dans ses œuvres en l'idéalisant; le Bien jusqu'à son parfait modèle, jusqu'à Dieu, dont l'homme peut se rapprocher en comprenant sa sagesse et en obéissant à ses lois; et il couronne une métaphysique savante, une esthétique élevée, une morale pure, par une théodicée simple et grande. Ce livre, si agréable et si solide, où tant de science est présentée avec tant d'attrait, où le talent de l'écrivain orne la pensée du philosophe; ce livre, qui sera pour son auteur un titre à la gloire et qui mérite d'être appris par les ignorants et médité par les penseurs, ne peut que former de bons esprits, élever les âmes, régler la vie, faire aimer le vrai, goûter le beau, rechercher le bien, ouvrir vers Dieu de sûrs accès et vers l'avenir de l'homme de rassurantes perspectives.

La fin de ses cours fut marquée en 1820 par l'esquisse d'un système de philosophie morale et politique, dans lequel la morale était tirée de la psychologie et la politique de la morale. Cette morale qui commande d'être meilleur en soi, juste envers les autres, qui oblige à la liberté par la justice et perfectionne la justice par la charité, puisée dans la nature de l'homme et s'étendant à la constitution de la société, M. Cousin l'enseignait à plus de huit cents jeunes gens qu'il échauffait de ses feux et pénétrait de ses idées. Mais bientôt ces jeunes gens, devant lesquels la nature spirituelle de l'homme était parfaitement définie, la réalité du monde et de ses lois solidement démontrée, la grandeur et la providence de Dieu savamment établies, les principes de la société politique philosophiquement consolidés, le droit proclamé, la propriété affermie, l'ordre fondé sur la liberté, la liberté sur la justice et la justice la plus stricte accompagnée de la charité la plus généreuse; ces jeunes gens, que M. Cousin préparait à être des hommes en leur donnant avec sagesse l'esprit de leur temps et avec force l'amour de leur pays, furent privés de l'entendre. Son cours fut subitement fermé.

Il le fut par les injonctions d'un parti qui devait être si

funeste à la cause qu'il croyait servir. Ce parti arrivait alors à la domination. Hostile aux lumières de l'esprit comme aux libertés de l'État, il ne supportait pas plus l'histoire que la philosophie. Après avoir fait descendre M. Cousin de sa chaire, il empêcha M. Guizot de monter dans la sienne. Il enleva le gouvernement de l'instruction publique à M. Royer-Collard, exclu du Conseil d'État, et conçut sans doute le dessein d'atteindre l'enseignement laïque en frappant l'École normale qui le répandait en France. Les élèves qui y avaient été admis furent licenciés, et la plupart des professeurs qu'elle avait formés furent révoqués ou suspendus. La guerre était ouvertement déclarée aux progrès de l'intelligence.

Pendant qu'il était ainsi en défaveur, M. Cousin étendit ses travaux philosophiques. Il les porta sur l'antiquité. En érudit habile, il publia les œuvres inédites du dernier des philosophes grecs, de Proclus, et il traduisit les œuvres immortelles du plus grand d'entre eux, de Platon. Il donna cette traduction dans une langue vraiment attique comme celle de l'harmonieux Athénien; et, sous le titre d'arguments, il plaça, en tête de la plupart des dialogues tirés des entretiens de Socrate et embellis par l'imagination de Platon, des dissertations historiques et philosophiques dignes de ces grands sujets, et qui en sont comme les savantes préfaces et les commentaires éloquents.

La disgrâce de la philosophie en France eut pour complément la persécution du philosophe en Allemagne. M. Cousin était un ami connu de la liberté, de cette liberté généreuse qui, sortie de la pensée française au dernier siècle et proclamée par la révolution de 1789 comme le droit des hommes et l'espérance des peuples, devait être la réclamation incessante du siècle nouveau et devenir l'équitable loi des sociétés civilisées. Elle était alors fort peu en faveur, encore moins en progrès. D'un bout à l'autre du continent européen, les peuples étaient tenus dans un étroit assujettissement, et l'esprit, père reconnu et suspect de la liberté, était mis partout en surveillance. En Allemagne, les deux grandes puissances, l'Autriche et la Prusse, qui s'entendaient alors, exerçaient une autorité qu'elles faisaient rudement sentir dans les petits États, par la diète fédérale de Francfort dont elles commandaient les décisions et par la commission inquisitoriale de Mayence dont elles dirigeaient les poursuites.

C'est dans ce pays, devenu très-peu sûr pour lui, que M. Cousin fit un troisième voyage. La philosophie et l'amitié l'y attiraient, la politique l'y incarcéra. Le 14 octobre 1823, à cinq heures du matin, il fut inopinément arrêté à Dresde et conduit par la police prussienne dans les prisons de Berlin. Il y fut mis tout d'abord au secret. Qu'avait-il fait et de quoi l'accusait-on? Il avait vécu naguère dans une étroite et tendre amitié avec le noble et malheureux chef de l'insurrection piémontaise en 1821, le comte de Santa Rosa, auquel il a consacré des pages si touchantes et si belles, et qui, forcé de quitter la France, s'était réfugié dans le seul pays resté libre, l'Angleterre, d'où il était allé en Grèce se faire tuer au service d'un peuple soulevé pour devenir indépendant. La liaison de M. Cousin avec ce chevaleresque soutien des droits populaires l'avait sans doute rendu suspect, et le gouvernement prussien, pourvu de plus de défiance que de clairvoyance, crut que M. Cousin venait en Allemagne pour y conspirer. Accusé d'affiliation aux sociétés secrètes, M. Cousin resta prisonnier de la Prusse sans savoir pourquoi et fut jugé par la commission de Mayence sans savoir comment. Après avoir vivement protesté et contre cette arrestation arbitraire et contre cette procédure mystérieuse, il montra la plus sereine dignité. L'esprit libre et l'âme ferme, il travailla, durant les heures de sa captivité, à traduire le *Banquet* de Platon, et, afin d'acquérir plus de familiarité avec la langue allemande, il fit passer dans la sienne quelques-unes des poésies de Gœthe.

Cet emprisonnement d'un Français célèbre et fort aimé émut l'opinion publique, et le gouvernement de France dut intervenir auprès du gouvernement de Prusse. Après six mois d'une détention sans raison, ainsi que le prouvèrent des recherches sans résultat, M. Cousin fut enfin rendu à son pays, où il fut accueilli comme un martyr de la cause de la libre pensée et du bon droit. Il s'y livra à de grands travaux. Il commença la publication de ces fragments philosophiques, arrivés peu à peu jusqu'à cinq volumes, sur la plupart des systèmes et des personnages remarquables de la philosophie, depuis ses origines jusqu'à nos jours; fragments où les savantes recherches précèdent les idées profondes, où se mêlent heureusement ensemble l'érudition la plus variée et l'intelligence théorique la plus sagace, où, observateur exercé, biographe intéressant, ferme critique, il porte un esprit clairvoyant et vaste sur les doctrines successives de la philosophie qu'il apprécie et expose en maître dans l'art de juger et d'écrire.

Il continuait en même temps sa belle traduction de Platon, et il réparait aussi, avec un soin patriotique, l'ingrate négligence de son pays envers le père de la philosophie moderne. Il élevait à Descartes le monument qui pouvait le plus témoigner de sa gloire, en réunissant pour la première fois les œuvres complètes de ce penseur français qui a fait réfléchir toute l'Europe, du ferme fondateur de la Méthode; de l'auteur profond des Méditations, du mathématicien ingénieux qui a découvert l'application de l'algèbre à la géométrie, du rare génie qui a porté tant de hardiesse raisonnée et d'invention féconde dans le monde des corps comme dans celui des idées, qui a eu pour disciples tous les grands esprits dans le grand siècle, et à l'école duquel M. Cousin rattachant la sienne, a soutenu, développé, fortifié le spiritualisme méthodique dont Descartes avait été le puissant promoteur.

Des jours meilleurs pour la pensée humaine comme pour la liberté nationale se levèrent bientôt sur la France. Notre pays sait changer quelquefois avec à propos; il renversa, par le victorieux effort des élections en 1827, la domination du parti qui, depuis si longtemps, sacrifiait les intérêts généraux à ses intérêts particuliers. Un ministère réparateur sortit d'une majorité libérale, et, avec M. de Martignac, le gouvernement représentatif reprit un moment sa marche et sa générosité; l'élu de sept collèges, M. Royer-Collard, devint président de la chambre des députés, le vœu public clairement exprimé fut sagement suivi, la liberté fut restaurée, la censure abolie, la sincérité des élections assurée, et le haut enseignement de la philosophie et de l'histoire rétabli. Au printemps de 1828, M. Cousin et M. Guizot rentrèrent en triomphe dans cet amphithéâtre de la Faculté des lettres, d'où ils avaient été repoussés pendant sept années. Les trois chaires de philosophie, d'histoire, de littérature, dans lesquelles MM. Cousin, Guizot, Villemain firent entendre leurs doctes et spirituelles leçons, communiquées par la parole à un auditoire avide, transmises par la presse à un public immense, devinrent de retentissantes tribunes, du haut desquelles les trois professeurs de la Sorbonne parlèrent à toute la France.

De 1828 à 1830 est la grande époque de l'enseignement de M. Cousin. Il avait alors trente-six ans. Son esprit était dans toute sa force et son talent dans tout son éclat. Lorsque, le visage animé, l'accent ému, le regard étincelant, il développait de profondes doctrines dans d'éblouissantes leçons, le philosophe réfléchi était comme un orateur inspiré. Il a laissé d'impérissables souvenirs à ceux qui l'ont entendu.

Pendant ces mémorables années, il fit trois cours, d'où sont sortis trois beaux livres. Il présenta d'abord une brillante introduction à l'histoire de la philosophie. Cette introduction forme un volume. On y trouve avec infiniment d'esprit une verve sans pareille, qu'un goût rigide accompagne et n'arrête pas, l'imagination s'aventurant quelquefois sous la méthode, la pensée refaisant à certains égards l'histoire, et néanmoins une éloquence entraînante au service d'une science étendue. M. Cousin expose une théorie qu'il développe et soutient avec la plus séduisante habileté. Sous sa magnifique parole, l'humanité se déploie avec suite et avec grandeur. Il cherche le perfectionnement progressif de ses destinées dans le développement régulier de ses facultés, et il fait voir jusqu'à quel point y contribuent les idées qu'elle acquiert, les lieux qu'elle habite, les sentiments qu'elle éprouve, les moyens qu'elle invente, les guerres qu'elle poursuit, les révolutions qu'elle traverse, les grands hommes qui l'inspirent ou la conduisent. Tout est enchaîné au point qu'on est tenté de le croire démontré. Cette histoire si bien déduite, tirée de l'esprit humain, encore plus que des réalités humaines, est-elle de tous points exacte? M. Cousin se ressentait alors un peu du commerce des derniers grands philosophes allemands, Schelling et Hegel, dont le dernier était venu lui rendre, à Paris, les visites qu'il avait reçues de lui à Heidelberg et à Berlin, et qui tous deux avaient mis beaucoup d'imagination dans la philosophie et quelques chimères dans l'histoire. Aussi M. Cousin trouvait-il plus tard qu'il avait alors beaucoup hasardé. Mais si, dans ce vaste système historique, tout n'est pas parfaitement vrai, tout y est grand. Si la conjecture y prend quelquefois l'apparence de la certitude, il y règne un esprit vigoureux et fécond. Nulle part M. Cousin n'a répandu plus d'idées et n'a présenté des aperçus plus neufs sous des raisonnements plus plausibles.

Cette introduction hardie à l'histoire de la philosophie fut suivie de deux ouvrages tout à fait supérieurs par la sûreté des jugements, comme par l'étendue des vues : je veux parler de l'*Histoire générale de la philosophie*, et de l'*Examen critique de la philosophie de Locke*. L'examen critique de la philosophie de Locke, chef-d'œuvre de sagacité et de discussion, est l'analyse admirable et la réfutation victorieuse de ce sensualisme que le sage observateur Locke avait laissé modéré, que l'intempérant logicien Condillac avait rendu extrême, et qui, par la philosophie des sens et la morale de l'utilité, avait été en parfait accord avec la pensée tout extérieure et la mission tout humaine du dernier siècle, qui en avait fait sa foi intellectuelle et sa règle sociale.

C'est dans l'histoire générale de la philosophie qu'excelle M. Cousin. Se rendant par le savoir le contemporain des divers âges philosophiques, il les parcourt en compagnie des plus beaux et des plus puissants génies. Il va des bords du Gange aux bords de l'Ilissus, d'Athènes à Alexandrie, de l'antiquité épuisée au moyen âge renaissant, et il séjourne dans les temps modernes, où toutes les questions se renouvellent en s'étendant. Historien de la pensée humaine, M. Cousin en explique les vicissitudes, les sublimes aspirations, les hardiesses superbes, les découvertes, les mécomptes, les découragements, et il la montre poussée par le besoin de chercher la vérité, retournant à sa poursuite, pour la voir toujours de plus près et la mieux saisir, sans l'embrasser jamais tout entière.

Il indique les grandes familles de systèmes philosophiques auxquelles on peut ramener tous les systèmes et qui viennent de l'esprit humain leur commune patrie, dont la fécondité naturelle les porte toutes, en même temps que ses divers penchants expliquent leur diversité. Ces systèmes sont au nombre de quatre. M. Cousin les caractérise et les classe d'après les principes sur lesquels ils se fondent et l'ordre dans lequel ils se produisent ordinairement, et il leur donne le nom de sensualisme, d'idéalisme, de scepticisme et de mysticisme. D'où tirent-ils leur origine? De l'observation de certains faits que l'esprit humain étudie exclusivement et qui le mènent par des vues incomplètes à des conclusions inexactes. Pourquoi se succèdent-ils? Parce que l'esprit dans son infatigable curiosité se porte d'abord sur les impressions des sens et tire d'eux tout ce qu'il connaît; se replie ensuite sur la raison aux lois de laquelle il attribue tout ce qu'il pense. Puis, comme la matière seule ne peut pas expliquer légitimement les conceptions de l'intelligence qui, de son côté, ne peut pas se donner la certitude des phénomènes de la matière, l'esprit humain constatant leurs erreurs communes et leurs bornes réciproques, sans voir que leurs imperfections viennent de leurs lacunes ou de leurs excès, et que ce qu'elles omettent ou exagèrent infirme seul ce qu'elles avancent, tombe dans le doute, et, par un scepticisme systématique, il va jusqu'à contester la réalité de la nature et la portée de la raison. Enfin, las de douter sans mesure, comme il l'avait été d'affirmer sans démonstration, ayant besoin d'arriver par le sentiment à ce qu'il ne peut plus saisir par l'observation ou savoir par la pensée, il se jette et se perd dans le mysticisme.

Ces systèmes, M. Cousin ne les a pas seulement examinés dans leur principe, expliqués dans leur succession ; il en a jugé les méthodes, apprécié les résultats, caractérisé les plus célèbres fondateurs. Il a montré les services qu'ils ont rendus à l'intelligence humaine destinée à s'étendre en se contredisant, et à se redresser bientôt lorsqu'elle s'est égarée un moment. Rejetant les côtés faux, conservant les côtés vrais des systèmes, M. Cousin adopte dans leur sévère pureté tous les principes fondamentaux qu'avaient en partie dénaturés des raisonnements arbitraires ou de téméraires imaginations, et son habile éclectisme en compose une doctrine philosophique tirée des faits bien observés, fondée sur des inductions légitimes, dérivant à la fois de l'histoire profondément connue et de la raison sagement interrogée.

Le fond inébranlable de sa philosophie fut donc le spiritualisme. Ce principe spirituel placé passagèrement dans le corps auquel il est uni pour le diriger, s'en servir et lui survivre, que l'humanité entière a entrevu ou affirmé, que toutes les religions ont admis en diversifiant ses formes et ses destinées, que la raison des hommes doués de la plus haute sagesse et de la plus ferme intelligence a trouvé sans peine, assuré sans hésitation, et su mieux connaître encore que définir ; cette noble cause de l'âme immortelle dont Socrate a été l'infatigable apôtre et le généreux martyr, que Platon a exposée avec le charme de ses idées, que le rénovateur de la philosophie dans les temps modernes, Descartes, a étayée de sa science et élevée encore par sa Méthode, que tant de beaux esprits et de clairvoyants génies ont adoptée avec conviction, M. Cousin l'a savamment soutenue et fermement établie.

Fondant l'existence de l'esprit impérissable sur des faits qui lui sont propres ; rattachant aux lois mêmes de cet esprit qui voit le vrai et qui peut le bien, la conformité de la conduite humaine aux notions de la vérité et aux règles de la justice ; offrant à l'homme une fortifiante doctrine qui le rehausse, lui promet la récompense du bien fait avec volonté, lui annonce le châtiment du mal fait sans ignorance et donne une vie future comme sanction à la vie présente : la philosophie élevée et morale de M. Cousin a été enseignée par lui avec un éclat constant dans des chaires et dans des livres, sous le feu d'une parole inspirée et persuasive, en des pages d'une force et d'une beauté égales. Elle a fait de M. Cousin l'un des utiles précepteurs de son siècle. Plusieurs générations se sont abreuvées à la source vivifiante de ses idées, et ceux qui pensent y ont puisé les belles espérances que la foi religieuse donne à ceux qui croient. Puissent des générations nouvelles y recourir encore, apprendre à admettre l'immatériel, à aimer le beau, à faire le bien en se conformant aux lois que la raison divine a placées dans le monde et a rendues accessibles à la raison humaine !

En 1830 M. Cousin fut nommé membre de l'Académie française, au choix de laquelle l'avaient recommandé l'éclat de son talent et ses rares qualités d'écrivain. La révolution de Juillet venait de s'accomplir. Provoquée par un coup d'État contre les libertés publiques, cette révolution faisait prévaloir la monarchie constitutionnelle fondée sur le respect absolu de la loi, le contrôle effectif du gouvernement et l'intervention souveraine du pays dans la conduite de ses affaires. M. Cousin y applaudit ou pour mieux dire y adhéra. Il eût désiré l'établissement de la monarchie constitutionnelle par l'accord entier, s'il eût été possible, de la vieille dynastie et de la société nouvelle ; mais il tenait avant tout au régime monarchique représentatif, de tout temps considéré par lui comme la forme de gouvernement qui pouvait le mieux assurer à notre pays une liberté étendue sans désordre, une administration concentrée sans oppression. Il en avait soutenu l'excellence et la nécessité dans ses cours de 1820 et de 1828 ; il prédit, dès 1834, qu'il ferait le tour de l'Europe ; et il a écrit en 1851 qu'il convenait seul à la France comme seul il devait être désormais la règle des sociétés civilisées. La monarchie constitutionnelle qui a été l'objet de ses persévérantes convictions a obtenu aussi ses fidèles services.

Pendant sa durée trop courte, il est entré successivement dans le conseil royal de l'instruction publique, en 1830 ; à la chambre des pairs, en 1832 ; au ministère, en 1840. Il aimait ardemment son pays. La France avait une grande place dans son admiration comme dans son cœur. Attaché à ses gloires non moins qu'à ses droits, fier de son esprit malgré les écarts auxquels il peut se laisser entraîner, enthousiaste de ses sentiments malgré les excès où ils s'emportent quelquefois, désireux de ses prospérités, souvent interrompues par des fautes, lui souhaitant de continuer, en étant libre, la grandeur qu'elle avait acquise en ne l'étant pas, il la mettait volontiers à la tête des nations par la générosité vraiment humaine de son génie et de son rôle. Appelé alors à la servir dans l'Université, qu'il nommait sa seconde patrie dans la grande, il consacra à cette mère de ses études, à cette première institutrice de ses talents, qui, de degré en degré, l'éleva si haut, le long dévouement d'une reconnaissance et d'une affection filiales. Dans le conseil royal, où il ne fut étranger à aucun des intérêts de l'instruction publique, il eut surtout à sa charge l'enseignement philosophique donné dans tous les établissements de l'État. A cette sorte de gouvernement de la philosophie, il joignit, en 1834, la direction supérieure de l'École normale et la présidence annuelle de ces concours d'agrégation pour le professorat, où il se montrait juge si encourageant du savoir, promoteur si empressé du talent. C'est à l'École normale qu'il préparait, c'est dans les concours d'agrégation qu'il choisissait les solides et brillants officiers de l'armée philosophique dont il était le glorieux général.

M. Cousin ne travailla pas seulement à fortifier la plus haute instruction, il concourut à étendre l'instruction populaire. Deux membres de cette Académie, qui, en 1832, dut son existence nouvelle à la pensée de l'un et à la décision de l'autre, M. Cousin et M. Guizot, se rendirent, en 1833, les utiles fondateurs de l'enseignement primaire. M. Cousin avait étudié, pendant des missions successives en Prusse, en Hollande, en Suisse, où le protestantisme et la liberté l'avaient mis en pratique, ce genre d'instruction qu'il souhaitait de voir répandre en France d'une façon sûre sans utopie, et rapide sans contrainte. Il prépara le texte et rédigea l'exposé des motifs du célèbre projet de loi sur les écoles primaires, dont M. Guizot fit l'œuvre habile du gouvernement et une des institutions libérales de la France. Cette loi, que M. Guizot présenta comme ministre à la chambre des députés, que M. Cousin défendit à la chambre des pairs comme rapporteur, constitua, avec une généreuse sagesse, l'instruction progressive du peuple par un enseignement qui devait s'accroître de plus en plus, et qui, offert comme désirable sans être imposé comme obligatoire, devait à la longue l'améliorer en l'éclairant.

Après avoir, dans la chambre des pairs, pris part aux débats de beaucoup de questions importantes, soit intérieures, soit extérieures, souvent en approbateur, quelquefois en opposant, toujours en politique, M. Cousin entra au ministère en 1840. Il devint membre de ce cabinet du 1er mars, qu'un vote des chambres appelait aux affaires, et qui, sous son patriotique chef, depuis longtemps l'ami de M. Cousin, se montra disposé à régir au dedans le pays selon ses vœux et à le placer au dehors dans les voies d'une politique fière sans être provocatrice, nationale sans être immodérée. Comme ministre de l'instruction publique, M. Cousin introduisit quelques changements utiles dans l'Université, où il préparait aussi des réformes qu'il n'eut pas le temps d'accomplir. Comme membre du cabinet, il s'associa aux prévoyantes mesures qui, dans une situation difficile pour la France, rendirent plus forte l'armée protectrice de son honneur, et entourèrent d'une cuirasse à jamais impénétrable l'immense capitale au besoin gardienne de son indépendance.

Après huit mois seulement d'existence, ce ministère se retira tout entier. M. Cousin n'eut plus occasion de revenir aux affaires jusqu'à l'heure dernière et triste de la monarchie de Juillet. En ce moment suprême, il devait entrer avec M. Odilon-Barrot, M. de Rémusat, le général Lamoricière, dans le ministère qui, sous la présidence de M. Thiers, appelé trop tard, accourait le matin du 24 février, à travers les barricades dressées jusqu'aux abords du palais des Tuileries, pour prêter sa courageuse assistance à la royauté en péril, et opérer dans la loi électorale une réforme nécessaire. Mais les événements qui se précipitaient ne laissèrent même pas à ce ministère le temps de se former : il succomba avant d'exister, et la monarchie constitutionnelle, capable d'assurer à la France la liberté en lui donnant le gouvernement régulier d'elle-même, fut renversée pour faire place à une république qui devait tour à tour l'exposer à l'anarchie et la livrer à la dictature.

M. Cousin sortit dès ce moment et pour toujours de la vie publique. Il demeura cependant encore dans le conseil de l'instruction publique, pendant toute la durée du régime républicain, y défendant de son mieux les traditions, les intérêts, les règles de l'Université. Après avoir rempli tous ses devoirs envers l'Université, après y avoir fait des cours si brillants, y avoir répandu des doctrines si hautes et si saines, y avoir formé et laissé des disciples éminents qui étaient ses continuateurs, après tant de belles œuvres produites, de bons exemples donnés, d'habiles soins prodigués, il sortit du conseil de l'instruction publique, au coup d'État de 1851, et prit sa retraite comme professeur.

En quittant l'Université, il ne s'en sépara point. Il demeurait dans le vénérable édifice qu'avait relevé le cardinal de Richelieu et où se donnait le haut enseignement des lettres et des sciences. Il y occupait par droit d'ancienneté et presque comme souvenir de gloire, au-dessus même du vaste amphithéâtre où avait retenti son éloquente parole, l'appartement qu'avait autrefois habité Turgot, comme prieur de Sorbonne. Il y avait placé, en l'agrandissant sans cesse, la belle bibliothèque si complète sous le rapport philosophique, si exquise sous le rapport littéraire, dans laquelle il avait réuni les richesses accumulées de la pensée humaine pendant les siècles, et recueilli avec tant de soin et à si haut prix les premières et diverses éditions des classiques de notre langue, comme pour y chercher le secret de leur génie et y suivre leur progrès vers la perfection. Cette magnifique bibliothèque, qu'il nomme si modestement le moins imparfait de ses ouvrages, il la destinait et la légua à l'Université en la confiant à la direction d'un ami non moins cher à son cœur que dévoué à ses pensées, et en la laissant pourvue de larges ressources pour le service perpétué de la philosophie, des lettres et de l'histoire.

C'est dans cette bibliothèque, composée avec un savoir si habile, un goût si délicat, qu'il se tenait volontiers, qu'il consultait ses grands prédécesseurs en philosophie, lisait les œuvres achevées des maîtres en littérature, préparait ses ouvrages, dictait en se promenant, se plaisait à recevoir ses amis, et se livrait aux plus spirituels entretiens. Qui ne se souvient, après en avoir joui, de cette conversation vive, élevée, séduisante ? une grande richesse d'idées, une variété infinie de connaissances, une forte originalité de langage et même de certains mouvements dramatiques qui en faisaient comme un spectacle, la rendaient aussi instructive qu'attachante. Chez lui tout était animé, le regard et la parole, le geste et la pensée. En tête à tête, devant un public, dans un salon, quelquefois même dans la rue, il était toujours prêt à causer, et il le pouvait faire du matin au soir, en charmant les autres, sans s'épuiser lui-même. Il avait beaucoup d'esprit et il était toujours en verve. Une gaieté aimable mêlait des aperçus enjoués à des réflexions sérieuses, et il sortait d'un ton un peu solennel par des saillies amusantes. Ses traits piquants et soudains, venus sans être cherchés, étaient tirés des choses, jamais des mots. La contradiction qu'il rencontrait quelquefois et l'enthousiasme auquel il s'abandonnait souvent pouvaient le pousser à des exagérations de jugement ou de langage dont il ne manquait pas de revenir si on laissait ses impétuosités se calmer et ses feux se refroidir. Tout servait d'étincelle à cet esprit ardent et l'enflammait. La philosophie et la politique, la morale et l'histoire, la littérature et l'art, l'animaient à l'envi et faisaient le sujet varié de ses intarissables conversations. Il s'y mettait tout entier, et l'on peut dire qu'il a répandu autant d'idées en causant qu'il en a laissé en écrivant.

Dans ses dernières années, M. Cousin s'était retiré du monde où il avait longtemps paru, beaucoup compté, et il n'allait plus guère que chez quelques amis. Il vivait à la Sorbonne dans une simplicité toute philosophique. Sans mollesse dans ses habitudes, il soutenait avec la même force les travaux qui, après avoir rempli sa jeunesse et son âge mûr, restaient la virile consolation de ses vieux ans. Il n'avait aucune complaisance pour lui-même ; mais il aimait encore à être utile aux autres. Il savait toujours servir avec zèle les vrais mérites et les jeunes talents, et souvent venir en aide à l'infortune avec une délicatesse qui se cachait. Il était surtout généreux envers la science ; s'il se refusait sans peine ce qui lui semblait ou vain ou superflu, il se donnait volontiers de nobles et dispendieux plaisirs. Aucun livre n'était d'un prix trop élevé lorsqu'il s'agissait d'accroître et d'orner cette superbe bibliothèque qu'il destinait au service public de la philosophie et des lettres. Rien ne lui coûtait non plus pour entretenir ou étendre le culte de la science à laquelle il avait consacré les recherches de son grand esprit et ses persévérantes ardeurs.

Traducteur brillant de Platon, il donnait une seconde fois, à ses frais, en un riche volume in-4°, que précédait une introduction savante écrite dans le latin le plus pur, les œuvres avant lui inédites et alors augmentées du dernier des platoniciens, de Proclus, qui marquait à Athènes le terme de la haute philosophie de l'antiquité. Patriotique éditeur du grand philosophe français qui, au XVIIe siècle, a mis l'esprit moderne dans ses voies, il publiait, avec une libéralité somptueuse, les œuvres entières de cet autre Français du XIIe siècle qui, renouvelant à Paris l'enseignement de la philosophie, avait reçu les applaudissements de millers d'auditeurs sur la montagne Sainte-Geneviève et encouru à Sens les condamnations d'un concile, du célèbre et infortuné Abélard, « héros de roman dans l'Église, dit M. Cousin, bel esprit dans un temps barbare, chef d'école et presque martyr d'une opinion », qu'il ne sépare pas d'Héloïse, « de cette noble créature, ajoute-il, qui aima comme sainte Thérèse, écrivit quelquefois comme Sénèque, et dont la grâce devait être irrésistible puisqu'elle charma jusqu'à saint Bernard lui-même. »

M. Cousin, après avoir été pendant trente années, dans cette Académie, le promoteur constant et le juge principal des concours philosophiques d'où sont sortis tant de livres qui, par le mérite comme par le nombre, formeraient une bibliothèque spéciale, embrassant, avec l'histoire éclairée des systèmes, l'examen approfondi des questions, et dont les auteurs couronnés sont devenus pour la plupart membres de l'Institut, M. Cousin institua un savant concours qui atteste sa sollicitude et porte son nom. Il fonda un prix de 3,000 francs à décerner tous les trois ans, sur un sujet d'histoire de la philosophie grecque, dont il voulait assurer l'étude, la regardant comme la racine profonde et toujours vivante dont la séve devait monter dans les rameaux étendus de l'arbre philosophique. Le vœu du prévoyant fondateur n'a pas été trompé, et aujourd'hui même le prix Victor Cousin est donné au jeune et habile auteur d'un important ouvrage où l'érudit est philosophe et où le philosophe est écrivain.

M. Cousin n'a pas seulement écrit des ouvrages de philosophie, il a composé des ouvrages d'histoire. Il avait l'esprit comme le talent de l'historien, et il les appliqua surtout à l'étude d'une époque fort importante pour la France. Il a écrit neuf volumes sur le XVIIe siècle. Ce siècle qui s'est ouvert et qui s'est fermé sous deux grands rois, dont l'aurore a vu les œuvres habiles et les généreux desseins du règne de Henri IV, et dont le crépuscule a encore été éclairé par les splendeurs bien qu'affaiblies du règne de Louis XIV ; ce siècle pendant lequel, malgré les agitations de deux minorités, la monarchie a été conduite, à travers des complots ambitieux et des désordres stériles, vers ses hautes destinées par deux ministres supérieurs, a triomphé des plus redoutables inimitiés, conclu les glorieuses paix de Westphalie et des Pyrénées, et fait de notre pays la première puissance de l'Europe ; ce siècle où la France n'est pas seulement agrandie mais rehaussée, où des capitaines comme Condé et comme Turenne lui donnent le lustre des plus belles victoires, des politiques comme Richelieu et Mazarin lui assurent les prépondérances de la plus rare habileté ; où le génie abonde, où Descartes renouvelle l'esprit humain par la philosophie, où Pascal pense et écrit, où Corneille donne le *Cid*, les *Horaces* et *Polyeucte*, où la société française, arrivée à sa fleur, acquiert la grâce, comme la nation la grandeur, la langue la beauté, l'esprit la perfection, ce siècle des chefs-d'œuvre et des grands hommes, avait toute l'admiration de M. Cousin.

Il en préférait cependant la première moitié pour sa mâle originalité et sa grandeur animée. Aussi est-ce sur les événements qui l'ont agitée, sur les célèbres personnages qui y ont dominé, sur les femmes illustres qui l'ont ornée, sur la société polie qui y a répandu, avec toutes les élégances de la plus haute culture, tous les agréments de l'esprit, que M. Cousin a écrit ces livres sérieux ou charmants qu'on lit avec plaisir et qui instruisent autant qu'ils plaisent.

C'est en étudiant d'abord cette époque dans un grand écrivain qu'il a été conduit à la peindre ensuite dans de vivants portraits et de séduisants tableaux. Les manuscrits découverts de Pascal ont permis à M. Cousin d'examiner dans une dissertation étendue, chef-d'œuvre de critique et de goût littéraire, le plus original, le plus profond, le plus nerveux de nos prosateurs, celui chez lequel le style suit le mieux et relève le plus la pensée. De l'étude de Blaise Pascal, M. Cousin est allé, par la pente naturelle de l'admiration, à l'histoire de Jacqueline Pascal, cette touchante religieuse de Port-Royal, qui, par l'esprit comme par le talent, est la vraie sœur de l'auteur des Lettres Provinciales et des Pensées, et qui, bien jeune, expire de douleur pour avoir été contrainte, malgré ses longues résistances, de signer le fameux formulaire imposé à son austère maison. De cette noble martyre de la foi la plus rigide, l'historien des femmes illustres du dix-septième siècle passe à des héroïnes moins pures, mais qui toutes possèdent les distinctions de l'esprit, ont ou les hauteurs du caractère ou les charmes de la grâce, intéressent par les incidents d'une vie mêlée aux événements de l'histoire et aux agitations de l'État. Cinq volumes d'un mérite rare, mais d'un attrait inégal, ont été consacrés : à Mme de Hautefort, qui porte tant de noblesse dans le dévouement et de dignité dans la disgrâce ; à Mme de Chevreuse, l'intrigante amie de la reine Anne d'Autriche, l'infatigable ennemie du cardinal de Richelieu, aussi audacieuse dans ses complots que romanesque dans ses aventures ; à la belle et passionnée Mme de Longueville, si bien dépeinte pendant son aimable jeunesse, si dramatiquement présentée durant les turbulentes péripéties de la Fronde, qui, après avoir exercé ses séductions dans son temps, les aurait étendues jusqu'au nôtre, et aurait tout à fait gagné le cœur de son historien si, à la haine implacable envers Mazarin, elle n'avait pas ajouté une trop tendre affection pour La Rochefoucauld, et surtout si, entretenant le grand Condé son frère dans une lutte désespérée contre le pouvoir de la régente, elle n'était pas devenue sa criminelle complice en traitant avec l'Espagne contre la France ; enfin à Mme de Sablé, débutant à l'hôtel de Rambouillet, finissant au Val-de-Grâce, en commerce avec ce que la cour avait de plus haut et la ville de plus distingué, amie de Voiture et de La Rochefoucauld, et tenant, dans sa retraite de la rue Saint-Jacques, cette école d'esprit sententieux et de goût raffiné, où a pris naissance le livre célèbre et immortel des Maximes. Dans ces divers ouvrages, M. Cousin a montré les mœurs comme les idées du siècle, et il a pénétré jusqu'au fond de la Société française, alors si élégante et encore si animée, dont il a retracé le fidèle tableau dans les deux volumes fort curieux, où il l'a complétement dépeinte, en se servant surtout du grand Cyrus de Mlle de Scudéry avec un art si heureux.

Au nombre des travaux historiques de M. Cousin, il en est deux que je ne saurais oublier. Publiés l'un et l'autre en forme d'articles dans le Journal des Savants, où M. Cousin écrivait assidûment depuis 1816, ils y sont demeurés comme ensevelis, bien qu'ils méritent de paraître au grand jour en forme d'ouvrage. Ils renferment deux histoires, à bien des égards nouvelles : celle du duc et connétable de Luynes, après l'inauguration dans le sang et par le meurtre de la majorité de Louis XIII, et celle du cardinal Mazarin, sous la minorité si vite troublée de Louis XIV. Le connétable de Luynes est, à certains égards, le précurseur bien effacé du cardinal de Richelieu. Il prélude, toujours soutenu par son maître, à quelques-unes des entreprises qu'exécute plus tard le grand ministre, contre lequel se débat et conspire même son roi. Ce que la situation de la France commande, ce qu'exige le développement alors national de la monarchie, tous les deux le tentent, quoique à des degrés divers et par des moyens qui ne sont pas les mêmes : l'un y met sa finesse, l'autre sa force; l'un l'essaie en favori, l'autre l'accomplit en grand homme.

M. Cousin fait bien connaître cette partie du règne de Louis XIII. Dans des récits piquants et dramatiques, il retrace aussi, à l'occasion des carnets inédits de Mazarin, l'avénement au pouvoir du cardinal ambitieux qui s'établit pour vingt ans sur les marches du trône d'où l'on s'efforce en vain de le précipiter, après avoir mis tout en œuvre pour l'empêcher d'y parvenir. Ce personnage fameux dans notre histoire, ce petit officier italien qui devenu nonce, puis cardinal, a été désigné par Richelieu à Louis XIII et par Louis XIII à la France comme devant exercer l'autorité de la couronne pour assurer la bonne conduite de l'État ; ce successeur d'un grand ministre, qui continue Richelieu sans lui être inégal, inférieur peut-être en génie mais non certainement en habileté ; cet étranger qui rencontre toutes les oppositions sans y céder, est en butte aux complots qu'il déjoue, aux révoltes qu'il lasse, aux outrages qu'il dédaigne, et qui, à travers les obstacles, les agressions, les mépris, sait poursuivre sa route, rester le maître ou le redevenir, réaliser la pensée de Henri IV, achever l'œuvre de Richelieu, et, après avoir consommé l'abaissement de l'Autriche, constitué l'indépendance des petits États d'Allemagne, refoulé l'Espagne affaiblie au-delà des Pyrénées, laisse en mourant à Louis XIV une monarchie pacifiée et une France agrandie, ce grand et heureux politique fait le sujet d'un autre ouvrage dans lequel M. Cousin remonte à son aventureuse jeunesse, et raconte son apparition sur la scène de l'histoire.

Fait d'après des documents la plupart inédits, recherchés avec soin, trouvés avec peine, mis en œuvre avec talent, le volume de la *Jeunesse de Mazarin*, considérable par l'étendue, est d'une solide contexture et d'un intérêt puissant. Il ne concerne pas seulement les premières années de Mazarin et ses débuts politiques, il contient le récit le plus complet, le plus exact, le plus saisissant de cette année 1630, où s'agite le sort de la haute Italie; où se traite la question importante de la succession de Mantoue; où la maison de Savoie et la maison de Gonzague, l'une soutenue par l'Espagne et l'Autriche, l'autre par la France, se disputent le Montferrat; où l'armée espagnole que commande le célèbre Spinola, l'armée impériale que dirige le comte de Collalto, l'armée française placée sous les ordres des maréchaux de la Force et de Schomberg, sont en présence et prêtes au combat; et où le jeune Mazarin intervient comme négociateur pontifical auprès de Spinola, de Collalto, de Charles de Gonzague, de Charles-Emmanuel et d'Amédée de Savoie, de Louis XIII et de Richelieu, afin d'empêcher une lutte sanglante qu'il ne peut pas entièrement prévenir, mais qu'il sait arrêter, en portant d'un camp à l'autre des propositions équitables qu'il parvient à faire accepter. On y trouve l'état de l'Italie, on y entre dans le vif des questions qui sont débattues, on pénètre auprès de tous ces personnages de l'histoire qu'on connaît et qu'on entend, on saisit leurs motifs comme leurs caractères, on assiste à la première rencontre et aux diverses entrevues de l'habile Mazarin et de l'impérieux Richelieu, on voit le jeune politique qui débute gagner dès ce moment l'esprit et pénétrer dans la confiance du politique consommé qui le fera revêtir plus tard de la pourpre romaine et le réservera au gouvernement de la France. Ce volume est une attrayante biographie et un remarquable fragment d'histoire.

Les ouvrages, soit littéraires, soit philosophiques, de M. Cousin, sont composés avec art et écrits en perfection. M. Cousin disposait de la langue française aussi bien qu'il la connaissait. Il s'était rendu, en quelque sorte, usuelle par une longue admiration et une savante habitude, la belle langue qui commence avec Descartes, Corneille et Pascal, se développe avec Molière et Boileau, Racine et Bossuet, Mme de Sévigné et La Bruyère, Malebranche et Fénelon, reçoit l'impérissable empreinte de tant de génies divers, donne place à tant de styles originaux, dans laquelle pénètrent, pour y rester sous des formes immortelles de nobles conceptions et d'ingénieuses pensées, ce que l'intelligence produit de plus haut, ce que le goût inspire de plus délicat, où se trouvent la souplesse dans la solidité, une grâce exquise avec une mâle vigueur, et la beauté variée dans la simplicité constante. Le don naturel qu'il avait de bien écrire, M. Cousin l'avait ainsi accru en le cultivant, et il s'était fait un style qui lui est particulier, à la fois original et étudié, s'approchant des grands styles sans les imiter. Sa phrase est libre et ample ; tantôt vive, tantôt harmonieuse, savamment correcte et sobrement ornée. Les mots y suivent toujours les idées et s'élèvent avec elles ; la flexibilité s'y mêle à la force, l'élégance des tours à la sûreté des termes, et bien des fois une grâce familière à une véritable magnificence. Le talent de M. Cousin était du premier ordre comme son esprit ; aussi a-t-il écrit pour toujours comme il a pensé, et il restera parmi les excellents prosateurs de la langue française.

Ces volumes sur le XVIIe siècle, dans lesquels M. Cousin a su se montrer peintre fidèle des mœurs, appréciateur délicat des lettres, juge pénétrant des hommes, historien dramatique des événements, ont été beaucoup lus et vivement goûtés. Cependant des amis austères et exclusifs de la philosophie ont regretté qu'il se soit ainsi détourné d'elle pour se donner à l'histoire. Ils lui auraient même volontiers reproché ces brillantes distractions, sans lesquelles nous aurions été privés de tant d'ouvrages d'un savoir si agréable et d'un attrait si sérieux. Pour moi, loin de regretter des infidélités, à ce point, heureuses, je suis tenté d'y applaudir. N'avait-il pas assez fait pour la philosophie? Et d'ailleurs ne devait-il pas y revenir? Dans les derniers temps de sa vie, poussé par le besoin incessant de donner à ses œuvres plus de perfection, il publia de nouveau, en cinq volumes, qui embrassaient l'antiquité, le moyen âge, les temps modernes et même l'époque contemporaine, ses fragments philosophiques aussi précis qu'intéressants, les uns, fruits précoces d'un esprit fécond, les autres, nés plus tard de méditations savantes; tous soumis à une révision attentive. Il ne se livra pas seulement, durant l'été et l'automne de 1866, à cette laborieuse entreprise; il refondit dans une septième édition, qui méritait d'être définitive, son Histoire générale de la philosophie. Dans ce beau livre, dont toutes les pages attestent son génie et son art, il avait introduit des développements du plus haut intérêt sur la philosophie grecque avant Socrate et sur Socrate, et donné des conclusions de la plus rare fermeté, sur la nature, l'objet, le droit et la puissance de la philosophie elle-même. L'Académie, dans deux de ses séances, entendit avec recueillement, et je ne crains pas de dire avec admiration, la lecture de ces fortes pensées, dont une mort trop rapprochée devait faire comme le testament philosophique de M. Cousin.

C'est le lendemain 17 décembre, après avoir fait ses adieux à l'Académie par d'aussi nobles communications, que M. Cousin quitta Paris pour se rendre à Cannes, où, depuis quelques années, sa santé l'obligeait à passer les mois tristes et âpres de l'hiver. L'un de ses plus chers amis, de ses plus savants disciples, M. Barthélemy Saint-Hilaire, l'y attendait et il devait y vivre dans l'agréable voisinage de M. Mérimée, son spirituel confrère à l'Académie française, qu'il se félicitait d'y retrouver tous les ans. Quelques semaines s'écoulèrent ainsi pour lui dans les douceurs de l'amitié, les charmes de la conversation, les plaisirs purs du travail et de l'esprit, sous un ciel inondé de lumière, au milieu d'un pays où l'hiver même était un printemps. Il y était heureux et il le disait. Bien près du jour fatal où elle devait s'éteindre, cette belle lumière jeta encore de vives lueurs. Le 12 janvier même, dans une agréable soirée, il fut étincelant d'esprit et ravit tout le monde par son amabilité. Pendant la nuit il eut une de ces insomnies que lui causaient fréquemment des nerfs de plus en plus agités et les ardeurs d'une pensée toujours en mouvement. Le matin, se sentant fatigué, il se leva une heure plus tard et se mit au travail selon sa coutume. Il s'occupait encore de l'ouvrage qu'il semblait cependant avoir conduit à toute sa perfection, et il retoucha et compléta quelques chapitres de son Histoire générale de la philosophie. Après ce travail, qui fut le dernier, et à l'heure du repas qu'il prenait en commun avec M. Barthélemy Saint-Hilaire, il descendit pour déjeuner. Il se mit à table avec plaisir, y causa avec gaieté, se plaignant toutefois d'une lassitude qu'il attribuait à l'insomnie de la nuit. Vers la fin du déjeuner, sa tête s'inclina sur sa poitrine, comme s'il cédait à un besoin insurmontable de sommeil. Mais ce sommeil, dont ne parvinrent à le tirer ni les soins empressés de l'amitié, ni les secours impuissants de l'art, était le sommeil de la mort. M. Cousin succombait, hélas! à un coup foudroyant d'apoplexie qu'il pressentait depuis longtemps, et il expira le 14 janvier 1867 à cinq heures du matin, âgé de soixante et quinze ans, un mois et seize jours.

Ainsi la mort enlevait soudainement au monde M. Cousin. Elle plongeait dans les amertumes de l'affliction ses amis et ses disciples. Elle mettait en deuil deux Académies où il tenait une si grande place, où il laissait un si grand vide, et qui ne devaient plus entendre cette parole animée, spirituelle, féconde, dont elles avaient tant de fois goûté le charme. Elle attristait les lettres françaises qui comptaient M. Cousin parmi leurs gloires les plus hautes. Elle causait une perte irréparable à la philosophie dont il était le guide clairvoyant et le dominateur accepté. Enfin, et je n'hésite pas à le dire, elle apportait un préjudice à l'esprit humain qu'il servait avec tant de zèle et d'éclat depuis cinquante ans.

Toute sa vie, M. Cousin a recherché le vrai avec l'amour du bien et le goût du grand. Il avait cette spontanéité de l'esprit qui donne la vue soudaine des choses et cette force de la réflexion qui fait tirer des choses tout ce qu'elles contiennent, dont l'une inspire, l'autre approfondit, et qui permettent, lorsqu'elles s'accordent, à l'imagination de s'avancer sans écart, à la raison de se développer sans subtilité. Sentant avec vivacité, pensant avec méthode, il mêlait ses émotions à ses idées, il animait tout ce qu'il traitait. Unissant la vigueur d'un grand esprit à son étendue, les fermes honnêtetés de l'âme à ses généreux élans, il a été un métaphysicien sensé, un critique profond, un historien savant des idées du genre humain, un moraliste éloquent de l'École de Socrate, un écrivain pur et habile, donnant à ses ouvrages, avec la forme qui les relève, le style qui les perpétue. Aussi ne laissera-t-il pas seulement de longs et tendres souvenirs à ceux qui l'ont aimé et qui l'ont perdu ; ne sera-t-il pas seulement pour les contemporains qui ont entendu son éloquente voix et lu ses beaux livres, l'objet d'un regret et d'une admiration durables : il vivra dans les temps futurs, animera en les instruisant et en leur plaisant ceux qui ne sont pas encore et ceux qui, dans un avenir plus lointain, leur succéderont. Sa mémoire ne sera pas de celles qui s'oublient, ni son talent de ceux qui passent. L'immortalité l'attend, l'immortalité à laquelle il a toujours cru pour son âme et qui ne peut manquer à sa gloire.

www.ingramcontent.com/pod-product-compliance
Lightning Source LLC
Chambersburg PA
CBHW060514050426
42451CB00009B/988